青ちゃんの解決レシピ

今さら聞けない料理の基本

 青山則靖

青ちゃんの解決レシピ
今さら聞けない料理の基本

| 1 | 肉料理 ◇◇◇ プロの味に近づく火入れ！

- ローストビーフ … 04
- 鶏の唐揚げ … 06
- とんかつ … 08
- コロッケ … 10
- ロールキャベツ … 12
- 豚の角煮 … 14
- 肉じゃが … 16
- 焼き餃子 … 18
- 豚のしょうが焼き … 20
- ハンバーグ … 22

column.1

 昔の常識は、今や非常識!? … 24

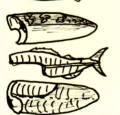

| 2 | 魚料理 ◇◇◇ ポイントをおさえれば簡単。

- あさりの酒蒸し … 26
- えびグラタン … 28
- 天ぷら … 30
- イカリング … 32
- かれいの煮付け … 34
- さばのみそ煮 … 36
- ほっけのムニエル … 38
- 焼き魚 … 40
- 刺身 … 42

column.2

 イラストレシピ誕生秘話 … 44

3　野菜・海藻・豆腐料理 ∞∞ 毎日の食卓をヘルシーに。

- 浅漬け … 46
- ひじきの五目煮 … 48
- 冷しゃぶサラダ … 50
- 野菜炒め … 52
- 麻婆豆腐 … 54
- きんぴらごぼう … 56
- たこときゅうりの酢の物 … 58
- ポテトサラダ … 60

4　卵料理 ∞∞ すべての料理の基本。

- 茶碗蒸し … 62
- ゆで卵 … 64
- オムレツ … 66
- 卵焼き … 68

column.3
✏️ 科学で料理がうまくなる。ご飯の炊き方。… 70

5　麺・飯料理 ∞∞ お父さんはまずここから!

- ラーメン … 74
- 炊き込みご飯 … 76
- チキンライス … 78
- ナポリタン … 80
- ペペロンチーノ … 82
- 親子丼 … 84
- カレーライス … 86
- チャーハン … 88
- 焼きそば … 90

column.4
✏️ 「一番だし」と「二番だしのめんつゆ」… 92

6　その他

- 手羽先ブイヨン … 94
- サンドイッチ … 96
- みそ汁 … 98

竹串を刺すべからず。

ハンバーグ

ハンバーグ

材料／4人分
合いびき肉 500g、卵1個、玉ねぎ1/2個、乾燥パン粉大さじ6、バター 10g、
トマトケチャップ大さじ2、塩小さじ1、黒こしょう少々
【ソース】トマトケチャップ大さじ4、中濃ソース大さじ4

みじん切り

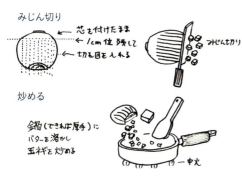

炒める

冷ます

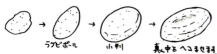

まとめる

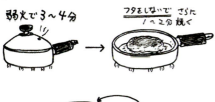

焼く

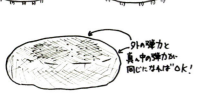

① 玉ねぎをみじん切りにし、バターで炒める。
玉ねぎが全体的に透き通ったら火を止め、
常温に冷ます。

② ひき肉と塩をボウルに入れ、粘りが出るまでよく練る。

③ ②に卵を入れてつながるまで練り、
黒こしょう→ケチャップ→玉ねぎ（①）→パン粉
の順に加えながら練る。

> **パン粉**
> パン粉は肉汁や全体のうま味を吸わせるスポンジ役。必ず乾いたパン粉を用意しましょう。あらかじめ牛乳に浸してはいけません！

④ ③を冷蔵庫で30分以上休ませて味を落ち着かせる。

⑤ 寝かせたパテ（③）を4等分し、
空気を抜いてラグビーボール形にまとめ、
真ん中をへこませる。

⑥ フライパンに油をひいて弱火にかけ、
パテを入れてフタをする。
表面が白っぽくなったら裏返し、さらに焼く。

> **焼き加減**
> 焼き加減を確かめるのに竹串を刺すのは風船に針を刺すようなもの。肉汁が漏れ出るので絶対NG！指で押し、端と中央部の弾力が同じになればOK。

⑦ ★グレイビーソースの作り方
ハンバーグを取り出した後、フライパンに残った肉汁にケチャップと中濃ソースを加えて強火にかける。

コールドスタートでやわらかく。

豚のしょうが焼き

豚のしょうが焼き

材料／2人分
豚切り落とし肉200g、酒大さじ1、みりん大さじ1、しょうゆ大さじ1、
しょうが(すり下ろし)大さじ1

フリーザーバック内分量

焼く

① フリーザーバッグに肉、酒、みりん、しょうゆ、しょうがを入れて手でもみこみ、10分以上置く。

もみこみ

フリーザーバッグに肉と調味料を入れて、手でしっかりともみこむこと。漬け込みは10分で完了。それ以上漬け込んでも味は変わりません。

② フライパンにつけ汁ごと肉を入れて、点火する(強火)。コールドスタートが肝心!

★お肉のタンパク質が固まる75℃より低温から加熱すると固くなりにくいです。

③ 肉をほぐしながら炒め、肉の色が完全に変わったら完成。

④ 野菜を入れる場合は、お肉に完全に火が通ってから。

羽根は「水溶き小麦粉」で。

焼き餃子

焼き餃子

材料／20個分
餃子の皮 20枚、豚ひき肉 100g、白菜(みじん切り)50g、にら(みじん切り)25g、
長ねぎ(みじん切り)25g、にんにく(みじん切り)1片、しょうが(みじん切り)1片、
酒小さじ1、しょうゆ小さじ1、オイスターソース小さじ1、小麦粉小さじ2、
水 100ml、ごま油小さじ1

① フライパンに油をひき、
   にんにく・しょうがを弱火で炒め、
   香りが出たら野菜を加え、水分を飛ばすように炒める。

② 野菜がしんなりしたら、
   酒→しょうゆ→オイスターソースの順に入れる。
   味がからんだら火を止めて常温に冷ます。

③ 豚ひき肉と②を合わせてあんを作り、餃子の皮で包む。
   包むときは水を付けず、あんを接着剤代わりにする。

④ フライパンに油をひき、
   餃子の平らな面を下にして並べ、弱火で焼く。

⑤ 焼き目がついたら、水溶き小麦粉を入れる
   ★片栗粉はベタベタになるのでNG

水溶き小麦粉の量は餃子の数ではなくフライパンの底面積で変わります。直径26cmの場合は表記の量。これより小さい場合は1cmにつき10ml減らします。

⑥ フタをして強火で2分焼き、
   フタを取って水分を飛ばす。
   水分が飛んだら鍋肌からごま油を入れて完成。

「焼き」を入れたら煮崩れない。

肉じゃが

肉じゃが

材料／4人分
じゃがいも6個、豚バラ肉200g(スライス)、玉ねぎ1個、しらたき1袋、
だし600ml、酒大さじ4、みりん大さじ4、砂糖大さじ4、しょうゆ大さじ4

素材下処理

① じゃがいもは4等分、玉ねぎはくし切り、豚バラ肉は長さ3〜4cmに、しらたきは食べやすい大きさに切る。

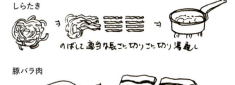

炒める

② フライパンに油をひき、肉を入れて点火する。
コールドスタート必須！
色が変わったらじゃがいも、玉ねぎ、しらたきを加える。

煮崩れを防ぐポイントは面取りと煮る前にしっかり焼くこと。じゃがいもが透き通るまで炒め、油を吸わせることで味のしみこみが早くなります。　煮崩れ防止

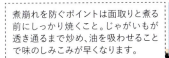

煮る

③ 全体に油が回ったら、酒→みりん→砂糖→だしの順に入れる。

④ じゃがいもがやわらかくなったらしょうゆを入れて、ひと煮立ちしたら完成。

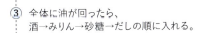

水から煮ればやわらかい。

豚の角煮

豚の角煮

材料／作りやすい量
豚バラ肉（ブロック）400g、長ねぎ（青い部分）適量、しょうが適量、
水600ml、酒100ml、みりん100ml、砂糖100ml、しょうゆ100ml

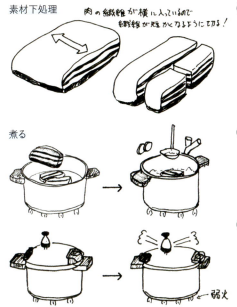

① 豚バラ肉を適度な大きさに切る。

② 圧力鍋（または鍋）に水と肉を入れて火にかける。
沸騰したらアクを取り、ネギとしょうがを入れる。

　★「煮る前に豚肉を焼く」というレシピも多いが、
　　焼かずに煮たほうがやわらかく仕上がる。

③ 圧力鍋のフタをして圧力がかかったら20分煮る
（鍋の場合は60分煮る）。

　★圧力鍋ごとに仕様が違うので注意！
　　お鍋の説明書に従うこと！

④ フタを取り、酒・みりん・砂糖を入れて10分煮る。
　水6：酒1：みりん1：砂糖1

⑤ しょうゆを加えて5分煮る。

⑥ 味をしみこませたい時は
冷ます→加熱→冷ますを繰り返す。

冷ます際、表面にキッチン
ペーパーをのせておくと、
冷めるときに脂がペーパー
の上にたまるので取り除き
やすくなります。

きれいに巻くコツを伝授。

ロールキャベツ

ロールキャベツ

材料／作りやすい量
キャベツ1玉、鶏ムネひき肉 500g、卵(Lサイズ)1個、塩小さじ1
【スープ】じゃがいも適量、たまねぎ適量、水 500ml、トマトジュース(無塩)500ml、塩小さじ2

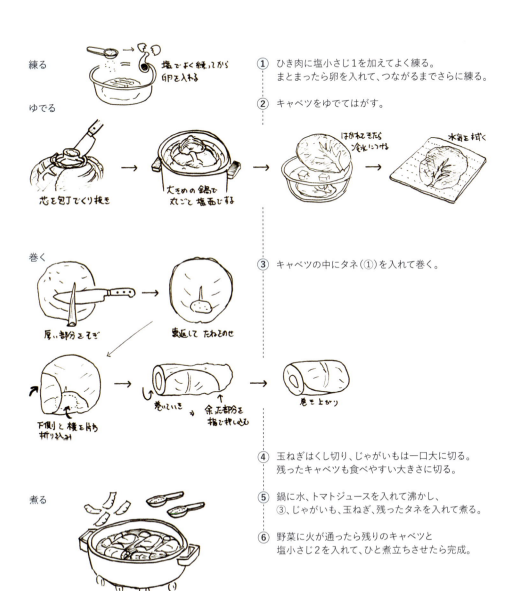

練る
① ひき肉に塩小さじ1を加えてよく練る。
　 まとまったら卵を入れて、つながるまでさらに練る。

ゆでる
② キャベツをゆでてはがす。

巻く
③ キャベツの中にタネ(①)を入れて巻く。

④ 玉ねぎはくし切り、じゃがいもは一口大に切る。
　 残ったキャベツも食べやすい大きさに切る。

煮る
⑤ 鍋に水、トマトジュースを入れて沸かし、
　 ③、じゃがいも、玉ねぎ、残ったタネを入れて煮る。

⑥ 野菜に火が通ったら残りのキャベツと
　 塩小さじ2を入れて、ひと煮立ちさせたら完成。

油に入れたら2分間はさわらない。

コロッケ

コロッケ

材料／8個分
じゃがいも（中サイズ）4個、合いびき肉100g、玉ねぎ（みじん切り）50g、
小麦粉30g、酒大さじ1、みりん大さじ1、しょうゆ大さじ1
【衣】小麦粉適量、パン粉適量（細かく砕く）、溶き卵（卵1個、牛乳大さじ2を混ぜ合わせる）

炒める

① フライパンでひき肉を炒めて、
色が変わったら玉ねぎを加えてさらに炒める。

② 酒、みりん、しょうゆを入れて
汁気がなくなるまで煮詰める。

ゆでる

水に さらさず に 鍋に入れ茹でる！

③ じゃがいもは1cm程度の半月切りにしてゆでる。
やわらかくなったら水気を飛ばし、
火を止めて熱いうちにつぶす。
★塩を入れずにゆでるのがポイント。

④ ②と③と小麦粉を混ぜて粗熱をとる。
8等分して小判型に成型する。

衣をつける

卵からすくう時
フォークですくい上げると
くずれにくいですよ！

小麦粉　卵＋牛乳　パン粉

⑤ ④の表面に小麦粉を均一につけ、
溶き卵をくぐらせ、パン粉をまんべんなくつける。

★溶き卵をくぐらせるときに大きめのフォークを
使えば、タネが崩れにくく、フォークのすき間から
余分な卵が落ちる。

揚げる

コロッケが浸るくらいの
少な目の油で揚げます。

⑥ ⑤を180℃の油に入れ、2分さわらずにおく。
ひっくり返し、さらに30秒揚げる。

ツンツン禁止！

とんかつ

とんかつ

材料／2人分
豚ロース肉（2枚）200g、塩こしょう少々
【衣】小麦粉適量、パン粉適量（細かく砕く）、溶き卵（卵1個、牛乳大さじ2を混ぜ合わせる）
【ソース】中濃ソース大さじ2、トマトケチャップ大さじ1、しょうゆ大さじ1、すりごま大さじ1

筋を切る

① 豚ロース肉の筋を切り、両面に軽く塩こしょうを振る。

衣をつける

② 小麦粉、溶き卵、パン粉の順に衣をつける。

【パン粉】市販のパン粉を使う場合は生ではなく乾いたパン粉を用意し、手でつぶします。パン粉は細かい方がむらなくつき、余計な油も吸いません。

揚げる

③ 180℃の油に入れ、衣が固まったらひっくり返してさらに1分揚げる。

【禁止事項】油の中に入れたら1分間は箸でツンツンしないこと！衣がはがれる原因に。

④ 取り出して2分そのまま置き、余熱で仕上げる。

⑤ ★ソースの作り方
ボウルに中濃ソースとトマトケチャップを入れて混ぜ、しょうゆ、すりごまを加えてさらに混ぜる。

余熱で仕上げる。

鶏の唐揚げ

鶏の唐揚げ

材料／作りやすい量
鶏ムネ肉（1枚）300g、酒大さじ2、しょうゆ大さじ1、ごま油大さじ1、塩小さじ1、おろしにんにく適量、おろししょうが適量、片栗粉大さじ3、小麦粉大さじ3

素材下処理

① 鶏ムネ肉を食べやすい大きさに切る。

もみ込む

② フリーザーバッグに①、酒、しょうゆ、ごま油、塩、にんにく、しょうがを入れてもみ込み、10分以上置く。

衣にくぐらせる

③ ボウルにタレごと②を入れて、片栗粉を加えてよく混ぜ、次に小麦粉を入れて混ぜる。

★先に小麦粉をつけると、片栗粉がうまくつきません。

揚げる

④ 180℃の油に入れ、2分揚げたら取り出し、2分休ませて余熱で火を入れる。

> 右は引き上げたときの状態。中心部にはまだ生ですが、そのまま2分置くと余熱で火が通り（左）、じゅわっと肉汁がにじむ理想の揚げ上がりになります。

タイミング

フリーザーバッグでホテルの味。

ローストビーフ

ローストビーフ

材料／作りやすい量
牛モモ肉（ブロック）300〜400g、塩こしょう少々、油大さじ1
【ソース】玉ねぎ（すりおろし）1/3個、にんにく（すりおろし）1片、しょうゆ大さじ2、
酢大さじ2、油大さじ2

焼く

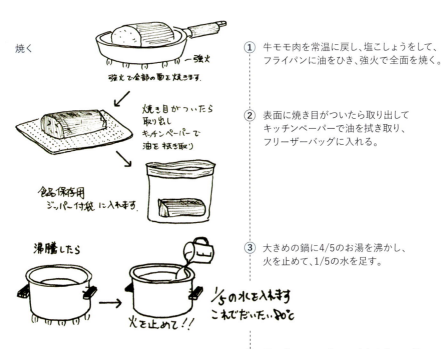

① 牛モモ肉を常温に戻し、塩こしょうをして、フライパンに油をひき、強火で全面を焼く。

② 表面に焼き目がついたら取り出してキッチンペーパーで油を拭き取り、フリーザーバッグに入れる。

③ 大きめの鍋に4/5のお湯を沸かし、火を止めて、1/5の水を足す。

> **真空調理**
> ローストビーフは肉の中心温度（芯温）を70℃ぐらいに保って調理しますが、大きな塊の中心まで70℃にするのにはかなりの技術と経験が必要です。ただし、この方法ならご家庭でカンタンにできます。「真空調理」を応用した作り方です。牛肉のほか、シカ肉もおすすめです。

④ ③に②を入れ、水圧で空気を抜いて袋の口を閉じ、30分以上放置する。

> **調理工夫**
> お湯の中に口を開けたままフリーザーバッグをゆっくり沈めると、水圧で空気が抜けて「真空パック」のような状態に。

ソースを作る

⑤ その間にソースを作る。
玉ねぎ、にんにく、しょうゆ、酢を合わせて加熱し、沸騰したら火を止めて油を加える。

⑥ 30分以上たったらお湯から取り出し、キッチンペーパーで水分を拭き取って、切り分ける。

昔の常識は、今や非常識！？

　最近の料理本を見て、今までのご自身のやり方と１８０度違うことが書かれているのを発見し、「あれ？　昔、私はそう習ったのに！」と、驚くこともあるでしょう。

　たとえば本書でもたびたび登場する「コールドスタート」なんかは、ひと昔前まではありえない話でした。お肉を焼くときは「フライパンを十分に熱してから焼くことでうま味が逃げない」と、ほとんどの方が習ってきたはずです。ところが、冷たいフライパンに食材を入れてから火にかけた方が、お肉がやわらかく仕上がり、調理中も慌てる必要がないので失敗を防ぐことができる。むしろ初心者にはおすすめの調理法なんですね。

　このように、当たり前として語られてきた料理の基本といえども、時代の変化の中で更新されることが少なくありません。その要因の一つは「道具の進化」です。先ほどの「コールドスタート」はその好例で、油をひかなくてもくっつかないフッ素樹脂加工の調理器具が登場したことで広まりました。

二つ目の要因は「技術の進化」です。たとえばお米を研ぐときに、昔は手のひらでギュッギュッと力強く、水が透明になるまで研いだものでした。ところが今は力を入れずにやさしく研ぐのが常識。精米技術が向上してお米に糠がほとんど残っていない上、やわらかい品種のお米が多くなったためです。

　三つ目の要因は「情報量の増加」です。インターネットで誰でも気軽にレシピが公開できるようになったり、さまざまなレシピサイトが登場したのに加え、以前は門外不出といわれてきた有名店のレシピが外に出るようになりました。料理人自身が、自分の店で情報を囲ってもしょうがないという考え方にシフトしてきているからでしょう。これからもセオリーを覆すような調理法はますます増えると思います。

　料理の世界には、デンプンのα化など絶対普遍の法則はあるものの、調理技術や材料の用い方には「正解」はないと僕は思います。引き出しをたくさん持っていれば、自分の中で無限に楽しみ方が広がる。

　だから料理は面白いですね。

切り方一つで味も食感も変わる。

刺身

刺身

材料
いか、ほたて、まぐろ、白身(平目) 各適量

① いかは縦に切れば歯ごたえがよくなり、横に切れば甘みが引き立つ。

② ほたては繊維に沿って切れば歯ごたえが、繊維を断つように切れば甘みが引き立つ。

③ まぐろは平造り。サクを横に置き、刃渡りを長く使って引き切る。

④ 白身(平目)は薄造り(そぎ切り・へぎ切り)。包丁を寝かせ、刃渡りを長く使って引くように切る。

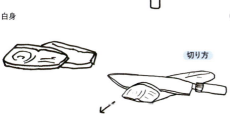

包丁選び

刺身は切って生かす料理です。筋繊維を見極めて切ることで、歯ごたえのある食感またはうま味を引き出します。食材への食い込みがよく、繊維を壊さない片刃の包丁がおすすめです。

「漬け焼き」で料亭の味。

焼き魚

焼き魚

材料
さけ、たら、さば　各適量

素材下処理

① 切り身の両面に塩を振る。30分から1時間置き、キッチンペーパーで表面の水分を取り除く。

★魚に塩を振ることで、
浸透圧で内部から水分が引き出されて身が締まり、形が崩れるのを防ぐと同時に、くさみが取れ、味の入りがよくなる。

② しょうゆ漬け（さけ）
しょうゆ1：みりん1の調味液に
30分漬け込んでから焼く。

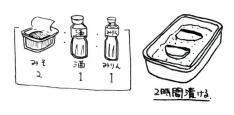

② みそ漬け（たら）
みそ2：酒1：みりん1の調味液に
2時間漬け込んでから焼く。

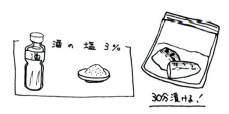

② 酒塩（さば）
酒に対して3％の塩（酒150mlならば塩小さじ1）を混ぜた調味液に30分漬け込んでから焼く。

いずれも魚にあらかじめ味を付けるので調味の失敗がなく、初心者にもおすすめの調理法です。しょうゆ漬けや酒塩はどんな魚にも、みそ漬けは脂の多い魚に適しています。

下処理

極弱火で皮をカリッと。

ほっけのムニエル

ほっけのムニエル

材料/作りやすい量
ほっけ半身、塩こしょう適量、バター 20g、小麦粉適量

素材下処理

① ほっけの腹骨と中骨を取り、うろこを包丁でこそげてから、皮に切れ目を入れて適度な大きさに切る。

② ほっけの両面に塩こしょうをしっかりと振り、小麦粉をまんべんなくまぶす。

焼く

③ フライパンにバターとほっけを入れてから点火する(極弱火)。このときほっけは皮面を下にする。
★コールドスタート必須!

④ 身の厚さの7〜8割まで色が変わったら、フライ返しと菜箸で丁寧に返す。

> **タイミング**
> バターを焦がさないよう極弱火でじーっくり焼くと、皮の水分が抜けてカリッと仕上がります。この辺りまで色が変わるのをじっと待ちましょう。

⑤ 裏返したら、空いたスペースでアスパラなどの付け合わせ野菜を焼く。野菜に火が通ったら完成。

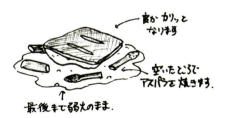

煮魚は強火。

さばのみそ煮

さばのみそ煮

材料／作りやすい量
さば1匹、水480ml、酒大さじ4、みりん大さじ4、砂糖大さじ4、みそ大さじ4、
だし昆布20cm程度、しょうが2片

素材下処理

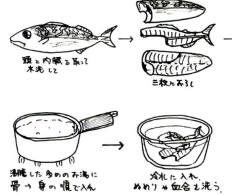

① さばを三枚におろし、
半身を3等分して皮に切れ目を入れる。

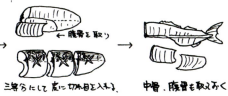

② 鍋に湯を沸かし、沸騰したら骨と身を入れて
すぐに取り出し、冷水に入れ、
ぬめりやうろこを取り除く。

煮る

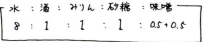
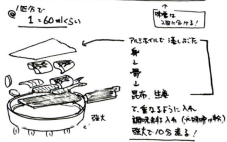

③ フライパンに昆布、しょうが、骨の順に入れ、
水、酒、みりん、砂糖と、みそを分量の半分入れて溶く。
煮立ったところで、皮面を上にして重ならないように
さばを並べ、アルミホイルをかけて強火で10分煮る。

汁に浸す時間が長いと魚のうま味が抜けて身が固くなる原因に。煮魚はグツグツ強火が基本。煮崩れを防ぐには煮汁の量はひたひたがベスト。 — 調理時間と煮汁の量

④ 弱火にし、残りのみそを煮汁で溶いて入れ、
再び強火にしたら約1分煮て、
その間に煮汁を回しかける。

みそは2回に分けて入れます。1回目はさばにみその味を染みこませるため、2回目はみその風味をしっかり残すためです。 — みそのタイミング

生臭い煮魚は、ぬめりとりで卒業。

かれいの煮付け

かれいの煮付け

材料／2人分
かれい2匹（大きな場合は1匹）、水 480ml、酒大さじ4、みりん大さじ4、砂糖大さじ4、
しょうゆ大さじ4、しょうが1片、ごぼう1/2本（縦2つに割って長さ4cmに切る）、
だし昆布 20cm 程度

素材下処理

① かれいのうろこを取り、頭と尾を切り落とす。
内臓、血合いを水で洗い流す。
背中側に飾り包丁を入れる。

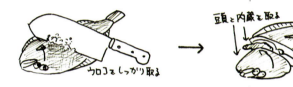

ぬめりとり

② 鍋に湯を沸かし、沸騰したら骨と身を入れて
すぐに取り出し、冷水に入れ、ぬめりやうろこを取り除く。

ぬめりの正体はタンパク質。熱湯にくぐらせることで表面のタンパク質が凝固し、白く浮き上がる。これをこそげ取ることで生臭くなくなります。 — ぬめりの正体

煮る

③ フライパンに昆布、しょうが、ごぼう、かれいの順に入れ、水、酒、みりん、砂糖を加えて強火にかける。
④ 煮汁が沸騰したらアルミホイルをかけて強火のまま8分煮る。この間、かれいを箸でさわらないよう注意。
⑤ アルミホイルを外してしょうゆを入れ、スプーンで煮汁をかけながら1分ほど煮る。
⑥ 火を止めて鍋のまま常温に冷ます。冷めることで身がしまり、身に味が入る。

付け合わせのごぼうは、かれいと一緒に煮ることで臭み消しになります。だしを吸ったごぼうもおいしいですよ。 — 付け合わせ

50℃の「ぬるま湯」通し。

イカリング

イカリング

材料／スルメイカ1パイ分
スルメイカ1パイ、小麦粉適量、溶き卵(卵1個、牛乳大さじ2を混ぜ合わせる)、
パン粉適量、塩こしょう少々、揚げ油適量

素材下処理

① イカを胴と脚に分け、
胴の内側にある透明な軟骨を抜き取る。

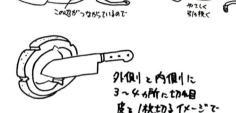

② 胴は幅1.5cmの輪切りにし、
表と裏の各3～4カ所に軽く切れ目を入れる。

湯通し

③ 鍋に湯を沸かし、
火を止めてから同量の水を加えて約50℃にする。
イカを湯通しし、キッチンペーパーで水気を取る。

> 50℃のぬるま湯で軽く湯通しすることでタンパク質が緩やかに凝固を始めます。このひと手間で驚くほどやわらかく仕上がるのです。

湯通し

衣にくぐらせる

④ イカに軽く塩こしょうをし、小麦粉、溶き卵、パン粉の順につける。

揚げる

⑤ 160℃の油に④を入れ、衣がはがれないようさわらずに1分待つ。
衣が固まったら引き上げる。

衣は氷水で、粉はざっくり混ぜる。

天ぷら

天ぷら

材料／作りやすい量
えび、なす、しいたけ、大葉などお好みで
【衣】小麦粉(薄力粉)100g、氷水 200ml、卵黄1個

衣の準備

① 《 衣の準備 》
ボウルに水と卵黄を入れて混ぜ、小麦粉を加えて軽く混ぜる。

> 衣の極意
> 天ぷらの極意はとにかく小麦粉のグルテンを活性化させないこと。氷水を使ったり、かき混ぜすぎないようにするのもそのため。ダマがあってもOK。

素材下処理

② 《 タネの下ごしらえ 》
◎ えび
けんを取り、しっぽの先を切りそろえる。殻をむき、背わたを取る。お腹の筋に切れ目を入れてのばす。

◎ なす
切れ目を入れて、ずらして押しつけ、「茶せんなす」にする。

揚げる

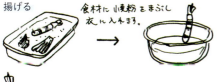

③ 《 揚げる 》
a. 食材に小麦粉をまぶし、衣に入れる。

b. 180℃の油に、衣をつけたタネを入れて揚げる。

牛乳は4〜5回に分けて。

えびグラタン

えびグラタン

材料／1皿分
牛乳 300ml、小麦粉 30g、バター 30g、玉ねぎ1個、えび(小)10匹、
マカロニ(ゆで)100g、塩小さじ2/3、グラタンチーズ適量

素材下準備

① フリーザーバッグに、スライスした玉ねぎ、えび、小麦粉を入れてよく混ぜる。

炒める

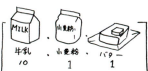

② フライパンにバターを溶かし、①を粉ごと入れる。

③ 全体的にバターがなじんだら、牛乳を少しずつ混ぜながら4〜5回に分けて入れる。

牛乳を一度に入れるとダマになるので、4〜5回に分けて、混ぜ合わせながら入れること。

④ ゆでたマカロニを入れ、塩で味を調える。

⑤ 耐熱容器に移し、チーズをのせる。

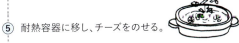

⑥ オーブンで焦げ目がつくまで焼く。魚焼きグリルやオーブントースターでもOK。

焼く

※素材には火が通っているのでチーズが溶けて焦げ目が付けばOK！

砂抜きは3％塩水で2時間。

あさりの酒蒸し

あさりの酒蒸し

材料／3〜4人分
あさり20個前後、酒120ml、水240ml、しょうゆ大さじ1、ネギ（ななめ切り）適量

塩抜き

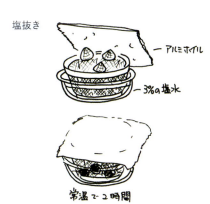

① あさりを3％の塩水につけて、常温で2時間砂抜きする。

> 砂抜き
> あさりが住んでいた環境をイメージし、静かで暗い環境を再現。あさりが吐いた砂をもう一度吸い込まないよう、ざるで一段上げるのもポイント。

蒸す

② フライパンに砂抜きしたあさりと酒を入れ、フタをして蒸す。

③ あさりの口が開いたらフタを取って、水を入れて加熱する。

④ 沸騰したらアクを取る。

⑤ しょうゆを入れて味を整える。

⑥ ネギを加え、ひと煮立ちしたら完成。

イラストレシピ誕生秘話

　昔から料理人の世界は口承文化が主流で、もっといえば音楽でいうところの「耳コピ」でレシピを継承しているようなもの。人の入れ替わりが激しい店ともなると、メニューの名前は同じなのに数年後にはまったく別の料理が出てきたりします。僕が十代と二十代の終わりに二度勤めたビアバーも例外ではなく、7年ぶりに料理長として戻ったときには、あまりの変わりっぷりにア然となったものです。厨房の仲間は「人によって味が変わるなんて、うちの店らしくていいじゃないですか」なんてノンキなことを言っていましたが、お客さんにとってはたまったものじゃありません。それで、厨房スタッフがいつでも答え合わせができるよう、全商品のレシピをイラスト付きで描き起こしました。それまでにもイラストを描くことはありましたが、あくまで自分のための覚え書き。他人に提供するレシピでイラストを描くのは初めての経験でした。イラストがあれば文字だけよりも伝わりやすい。しかも、材料の切り方や手順などは写真よりも理解しやすいということで、今では料理教室でも好評をいただいています。

　実は料理人になる前、僕はアートで食べていきたいと思っていました。子どもの頃から手先だけは器用で、ものづくりが大好きでしたが、絵は苦手な部類。それで高校時代に2年間美術専門学校に通い、デッサンの勉強をしました。美術の世界では「目と手がつながる」といいますが、デッサンを何回も繰り返すうちに目で見たものを手で再現できるようになるんですね。けれども芸大の試験で木っ端みじんに砕け散り、アーティストの道をあきらめました。余談ですが、芸大の実技試験というのは入試の中で唯一、他人の答案が丸見えなんですね。日本中から才能が集まり、それを目の前で見せつけられるわけですから、やってるそばからどんどん自信が消えていきます。もう20年以上前のことですが、その日のことを思い出すだけでゾッとします。

　ですが、高校生のときに習ったデッサンが、今こうして役に立っている。人生というのは分からないものです。

高校生のときに習ったデッサンが、今こうして役に立っている。
人生というのは分からないものです。

下味は温かいうちに。マヨネーズは冷めてから。

ポテトサラダ

ポテトサラダ

材料／作りやすい量
じゃがいも（男爵）4個、玉ねぎ1/2個、きゅうり1/2本、マヨネーズ大さじ2、酢小さじ2、塩小さじ1/2、こしょう適量

素材下処理

① じゃがいもの皮をむき、半月切りにして、鍋に入れて水からゆでる。

② じゃがいもに火が通ったら、鍋底から5mmほど残して湯を捨て、もう一度強火にかけて粉ふきいもにする。

味の調整

③ ②を好みの大きさに崩し、温かいうちに塩、こしょう、酢で下味をつけ、粗熱を取る。

④ 玉ねぎ、きゅうりを薄切りし、塩小さじ2（分量外）を加えてコシがなくなるまでもみ、流水で洗って搾る。

⑤ ③が冷めたら④を入れて、マヨネーズを加えて完成。

味付け

下味は熱いうちに。冷めるときにじゃがいもに味が染みこみます。マヨネーズは冷めてから。温かいときに入れると油が分離し、味の一体感が損なわれます。

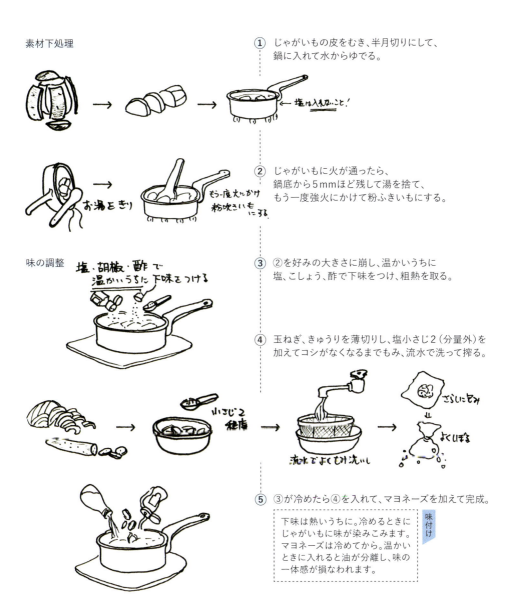

ツンとこない！秘密は土佐酢。

たときゅうりの酢の物

たときゅうりの酢の物

材料／作りやすい量
たこ（薄切り）3枚、きゅうり1/2本、わかめ適量
【土佐酢】調味料（だし5：酢2：しょうゆ1：みりん1）、かつおぶし適量

酢の準備

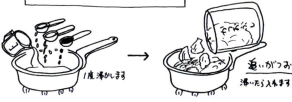

《 土佐酢 》

① 調味料を合わせて火にかけ、沸騰したらかつおぶしを入れる。

② 2〜3分煮出したら火を止め、粗熱が取れたら漉す。

> 土佐酢とはかつおぶしを加えてうま味をプラスしたものです。カドがなく、食べやすいので、酢の物が苦手な方にもおすすめです。 **土佐酢**

具の準備

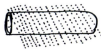

《 たこときゅうりの酢の物 》

③ きゅうりは端を切り落とし、1mm間隔で斜めに切り込みを入れる。裏返して同様に切り込みを入れる。

> きゅうりの代表的な飾り切り「じゃばらきゅうり」。切り込みを入れる際は下から2〜3mmのところで包丁を止めます。 **切り方**

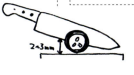

④ ③を長さ1cmぐらいの輪切りにし、1％の食塩水（水100mlに対して塩1g）に浸す。

⑤ ④のきゅうりの水分を搾り、わかめ、たこと一緒に器に盛り、土佐酢を適量入れて完成。

水に放つのは今や非常識!?

きんぴらごぼう

きんぴらごぼう

材料／作りやすい量
ごぼう1本、にんじん1/2本、しょうゆ大さじ1、みりん大さじ1、酒1、砂糖大さじ1/2、
だし大さじ2、ごま油少々、鷹の爪適量、いりごま（白）適量

素材下処理

ごぼう

にんじん

炒める

① ごぼうを洗って表面の土を落とし、長さ5cm・太さ5mm角程度に切る。にんじんは皮をむき、長さ5cm・太さ5mm角程度に切る。

> **ごぼうの処理**
> ごぼうを水にさらすと、うま味成分のポリフェノールが溶け出すので、水に放つのはNG。ごぼうは色止めのために酢水に放つのが常識とされていましたが、水にさらさないことで、ごぼう特有の土臭い風味やほっこり感がより楽しめます。

② 鍋にごま油（分量外）をひき、ごぼう、にんじんを炒める。

③ 全体に油が回ったら酒→みりん→砂糖→だしの順で入れる。

④ 強火のまま炊き続け、鷹の爪を加えて、最後にしょうゆを入れる。

⑤ 照りが出てきたら火を止め、いりごま、ごま油を入れて仕上げる。

木べらで混ぜればダマにならない。

麻婆豆腐

麻婆豆腐

材料／4人分
木綿豆腐1丁、合いびき肉200g、長ねぎ1/2本、にんにく1片、しょうが1片、
しょうゆ大さじ4、酒大さじ4、みりん大さじ4、豆板醤大さじ1、油大さじ1、ごま油適量、
水溶き片栗粉（大さじ4・水120ml）

素材下処理

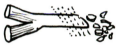 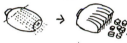 

① 長ねぎ、にんにく、しょうがはみじん切り、豆腐は一口大に切る。

炒める

② フライパンに油をひき、にんにく、しょうが、豆板醤を入れて弱火でじっくりと炒める。

③ 香りが出たらひき肉を加えて強火にしてよく炒める。

④ 火が通ったら、強火のまま酒→みりん→しょうゆ→水240mlを入れてさらに熱する。
★水4：酒1：みりん1：しょうゆ1

煮る

⑤ 沸騰したら豆腐を入れ、弱火で7〜8分煮る。

とろみづけ

⑥ 強火にして、木べらでフライパンの中心を混ぜながら水溶き片栗粉を少しずつ入れてとろみをつける。

> 水溶き片栗粉
> 液体に水溶き片栗粉を一気に入れるとゼリー状に固まってしまうので、木べらで混ぜながら少しずつ入れるのがダマにならないポイントです。

★水溶き片栗粉　水2：片栗粉1

順番守ればクタッとしない。

野菜炒め

野菜炒め

材料／2人分
キャベツ1/16玉、にんじん1/4本、ピーマン1個、玉ねぎ1/4個、しめじ1/2株、もやし1/2袋、油大さじ2、酒大さじ3、片栗粉小さじ2、塩小さじ1

材料下処理

キャベツ
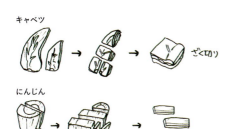

にんじん

炒める

① 材料を切る。

ピーマン

たまねぎ
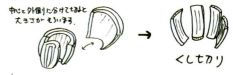

② フライパンに油をひいて熱し、
にんじん→ピーマン→玉ねぎ→キャベツ→しめじ→もやしの順に入れる。

> **炒める順番**
> 野菜を一度に炒めるとフライパンの温度が下がり、油が回る前に野菜から水分が出てしまいます。入れる順番は❶油で発色する野菜❷水分が少ない野菜❸水分が多い野菜の順に。

③ 酒に片栗粉、塩を入れて混ぜ、②に回しかける。

50℃から徐々に加熱。

冷しゃぶサラダ

冷しゃぶサラダ

材料／作りやすい量
豚モモ肉(しゃぶしゃぶ用)適量、トマト1/2個・レタス1/4玉などお好みの野菜適量

湯の用意

① 鍋に湯を沸かし、火を止めて同量の水を入れる。

> 沸騰したお湯に豚肉を入れると、急速にタンパク質が凝固し、食感が硬くなります。 （お湯の調整）

ゆでる

② 豚肉を入れてから再び点火し、白っぽくなったら引き上げて常温の水に入れる。

③ キッチンペーパーで水気をしっかり拭き取り、冷蔵庫で冷やす。

> 水温を制する者は食感を制す。豚肉のタンパク質は75℃以上で凝固するので、それ以下の温度から加熱すれば急な筋収縮を避けることができ、やわらかく仕上がります。 （お湯の調整）

★ごまドレッシング

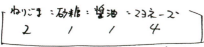

ねりごま	砂糖	醤油	マヨネーズ
2	1	1	4

1＝大さじ

★おろし玉ねぎドレッシング

醤油	酢	油	玉ねぎ	+にんにく
1	1	1	4	1片
大さじ2	大さじ2	大さじ2	1/2ケ	

★きな粉みそマヨネーズ

きな粉	味噌	マヨネーズ	豆乳
2	1	2	4
大さじ2	大さじ1	大さじ2	大さじ4

④ お好みの野菜と一緒に盛りつけ、お好みのドレッシングをかけて完成。
※写真はごまドレッシング

乾物はゆでて戻す。

ひじきの五目煮

ひじきの五目煮

材料／作りやすい量
乾燥ひじき10g、干ししいたけ5g、鶏モモ肉100g、ちくわ2本、にんじん1/3本、
酒大さじ3、みりん大さじ3、砂糖大さじ3、しょうゆ大さじ3

材料下処理

① 材料を切ります。

ゆでる

② 乾燥ひじきと干ししいたけを水からゆでて戻す。

全体的に沸騰したら戻し完了。
水で戻すよりもグッと時間短縮できます。乾物は水で戻して、戻し汁も使うのが基本ではありますが、戻し汁にはうま味と一緒に乾物臭さも溶け込んでいます。乾物はゆでて戻し、ゆで汁を捨てることで乾物臭さをおさえることができます。

乾物のもどし

炒める

③ フライパンに油をひき、鶏モモ肉→
①のひじき・しいたけ→にんじんの順に炒める。

④ 酒→みりん→砂糖の順に入れて強火で煮詰め、
仕上げにしょうゆを入れて完成。

酒	みりん	砂糖	醤油
1	1	1	1

1＝大さじ3

しんなりするまでモミモミ。

浅漬け

浅漬け

材料／作りやすい量
白菜200g、きゅうり1/2本、にんじん1/3本、しょうが適量、鷹の爪適量、刻み昆布適量、塩小さじ1、薄口しょうゆ大さじ1

素材下処理

① 材料を切る。

揉む

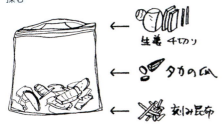

② フリーザーバッグに材料と調味料を入れてよくもみこむ。
しんなりしたら完成！（目安は10分）

手でしっかりもみ込むことで塩なじみが早くなります。しんなりするまでもみ続けましょう。

もみ込む

スープ

③ 浅漬けが残ってしまったら…

★つけものスープの作り方
鍋に余った浅漬けと水100mlを入れて火にかけ、沸騰したら塩こしょうで味を調える。

@卵を加えたり
@胡麻油を入れてもOK
@水 50ml：トマトジュース 50ml に変えるとミネストローネ風になります。

多めの油と強火でふっくら。

卵焼き

卵焼き（だし巻き卵）

材料／作りやすい量
卵（Lサイズ）3個、合わせだし（だし10：みりん1：薄口しょうゆ1）大さじ3、油大さじ2

溶く

① 溶いた卵に合わせだしを入れてよく混ぜる。

② 卵焼き用のフライパンに油を入れて強火にかける。

> 油は多め、火は強め。卵は液体（だし）と油が一緒になったときにふくらむので、油は多めにひくのがポイントです。

 油の量

焼く

適温。卵液を流し入れるとジュワッと正解の音がして、フワッとしたあぶくが立つ。

NG
温度が高すぎる例。ジュッと短く高い音がして、小さなあぶくがたくさんできる。

NG
温度が低すぎる例。卵液を入れても音がせず、あぶくも立たない。

③ 卵液を落とし、フワッと浮いたら温まった合図。余分な油をキッチンペーパーに吸わせ、卵液を流し入れる。

④ 卵液を全体に薄くのばし、半熟の状態で奥から手前に巻く。

⑤ 巻いたら奥側に寄せて、油を足し、卵液を入れ、さらに巻く。（④⑤を繰り返す）

> 最初に巻いた卵の下にも卵液を流し入れることを忘れずに。

ひとてま

⑥ 巻き終わったら巻きすに取り、軽く形を整えて5分ほど置く。

木べらで大きくかき混ぜる。

オムレツ

オムレツ

材料／1人分
卵（Lサイズ）2個、生クリーム大さじ2、塩ひとつまみ、こしょう少々、バター10g

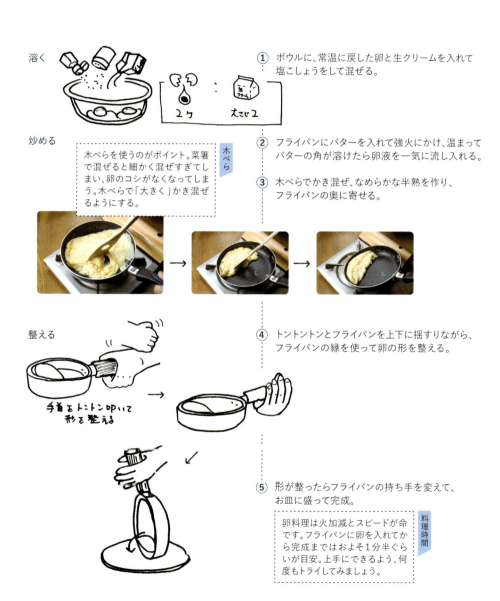

溶く

① ボウルに、常温に戻した卵と生クリームを入れて塩こしょうをして混ぜる。

炒める

木べらを使うのがポイント。菜箸で混ぜると細かく混ぜすぎてしまい、卵のコシがなくなってしまう。木べらで「大きく」かき混ぜるようにする。

② フライパンにバターを入れて強火にかけ、温まってバターの角が溶けたら卵液を一気に流し入れる。

③ 木べらでかき混ぜ、なめらかな半熟を作り、フライパンの奥に寄せる。

整える

④ トントントンとフライパンを上下に揺すりながら、フライパンの縁を使って卵の形を整える。

⑤ 形が整ったらフライパンの持ち手を変えて、お皿に盛って完成。

料理時間

卵料理は火加減とスピードが命です。フライパンに卵を入れてから完成まではおよそ1分半ぐらいが目安。上手にできるよう、何度もトライしてみましょう。

半熟は7分。

ゆで卵

手前からゆで時間5分、7分、8分半、10分。左は温泉卵。

ゆで卵

材料／お好みの個数
卵(Lサイズ)、塩適量

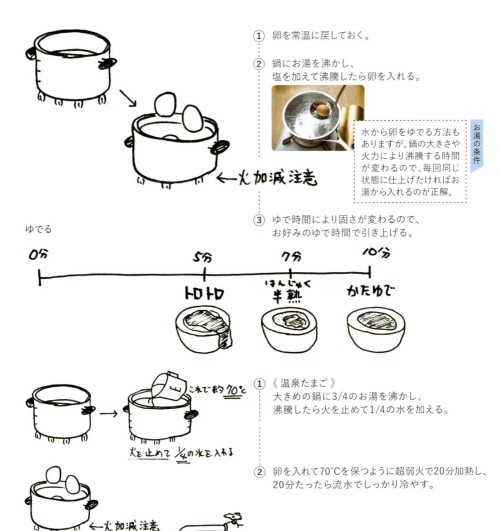

① 卵を常温に戻しておく。

② 鍋にお湯を沸かし、塩を加えて沸騰したら卵を入れる。

> **お湯の条件**
> 水から卵をゆでる方法もありますが、鍋の大きさや火力により沸騰する時間が変わるので、毎回同じ状態に仕上げたければお湯から入れるのが正解。

③ ゆで時間により固さが変わるので、お好みのゆで時間で引き上げる。

① 《 温泉たまご 》
大きめの鍋に3/4のお湯を沸かし、沸騰したら火を止めて1/4の水を加える。

② 卵を入れて70℃を保つように超弱火で20分加熱し、20分たったら流水でしっかり冷やす。

蒸し器を使わず、お湯でカンタン調理。

茶碗蒸し

茶碗蒸し

材料／作りやすい量
卵（Lサイズ）1個、
合わせだし（一番だし150ml・みりん大さじ1・薄口しょうゆ大さじ1）180ml、
鶏モモ肉20g、えび2匹、生しいたけ1枚、なると（薄切り）2枚、みつば適宜

溶く、こす

① 常温に戻した卵と、人肌に冷ました合わせだしをよく混ぜ合わせ、卵液を作り、ザルでこす。

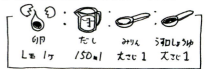

材料下処理

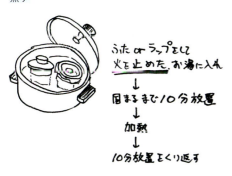

② 具材を食べやすい大きさに切る。
鶏肉とえびはしょうゆ（分量外）をからめる。

注ぐ

③ 温めておいた器に②の具材を入れたら、気泡が出ないよう、そっと卵液を注ぎ入れる。

> **ひとてま**
> 卵液を入れる前に、器の中にお湯を張って器を温めておきましょう。こうすることで早くムラなく火が通ります。

蒸す

④ 鍋に器の2/3くらいの高さのお湯を沸騰させ、火を止めてから、フタをした器を入れる。

> **お湯の温度**
> 沸騰したお湯に入れるのはNG。急激に高温で熱すると、スが入る原因に。必ず火を止めてから器を入れること。

⑤ 10分たったら器を取り出し、器をそっと揺らして表面が均一に揺れるようになれば蒸し上がり。
固まっていなければ、もう一度湯を沸騰させて火を止め、器を入れて10分置く。
（火が通るまで繰り返す）

科学で料理がうまくなる。

料理と科学。このふたつは一見かけ離れたもののようですが、実は密接な関係があります。そういうと、数学や理科に苦手意識のあった方は耳をふさぎたくなるかもしれませんね。ですが、科学の知識を利用すると、誰でも確実に料理上手になれるのです。

たとえば温泉卵は卵白と卵黄の凝固温度のズレを応用した調理法です。卵黄は65〜70℃で完全に凝固しますが、卵白は70〜80℃に達しない限り完全に凝固することはありません。この温度帯のズレを活用し、70℃以下で加熱し続けることで卵黄だけを固めるのです。

タンパク質が変性する温度よりも低い状態から徐々に加熱する「コールドスタート」も、科学を応用した調理法ですね。

味付けで覚えておきたいのが「塩加減の法則」です。僕も和洋中さまざまな料理を勉強しましたが、洋の東西を問わず、塩分濃度の落としどころというのはだいたい同じなんですね。その塩分濃度というのは0.8〜1％あたりです。この数字、実は生理食塩水(0.9％)とほぼ同じです。

つまり体液と同じ浸透圧であることを意味します。カラダのルールに従っているから「おいしい」と感じる。ごく自然なメカニズムなんです。とはいえ、料理のたびに「塩分濃度0.9％にするには塩は何グラム？」と計算するのはちょっとめんどうなので、僕は「１％」を一つの目安にしています。ただし、これは塩だけを使う場合。しょうゆやみそにも塩分はしっかりと含まれているので、それぞれの塩分濃度を加味して全体の塩分濃度を計算してください。

毎日のように食べる「ごはん」。

実はお米を「炊く」という行為も科学的なロジックに基づいています。みなさんもデンプンの「α（アルファ）化」という言葉を耳にしたことがあるでしょう。ごはんを炊くとお米の中に含まれるデンプン（β澱粉）が煮えて、粘りのある糊の状態（α澱粉）になり、味も消化もよくなります。これをα化（糊化）と呼びます。α化のためにはデンプンのほかに水と熱が必要です。生米を乾煎りしても食べられないし、生米を水に浸けただけでも食べられません。デンプン、水、熱の3つの条件がそろってはじめてα化します。そして、α化したデンプンでも未熟な状態ではβ澱粉に戻ってしまいます。これをβ化（老化）と呼びます。しっかりとα化させるための条件は「90℃以上・20分以上」の熱を加えること。大事なのは蒸らしで、蒸らしのときに温度の下がりやすい鍋を使ったり、蒸らし時間が短いと十分にα化されず、食味が悪くなります。

また、炊く前にしっかり浸漬（お米を水に浸けること）して芯まで水を吸わせないとα化が未熟となり、冷めたときに老化が進んでパサパサのごはんになります。ですから炊く前は20分以上浸漬させましょう。

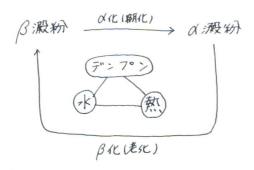

科学で料理がうまくなる。
ご飯の炊き方。

用意するもの
お米、水、蓄熱性の高い鍋(ホーロー、鋳物、土鍋など)、ざる、ボウル、計量用のマス

① まずはお米を正しく計量します。

② 次に水でお米を研ぎます。

③ 最初の水は、お米が汚れやヌカも吸い込んでしまわないようできるだけ早く捨てます。ただし、お米は1回目の水を最も多く吸うので、きれいな水を使いましょう。ミネラルウオーターを使う人もいますよ。研ぎ終わったら20分以上浸漬させ、水気を切って鍋に移します。

④ 水は、炊き加減の好みにもよりますが、お米1:水1.1が基本です。
米1合(180ml)の場合、水は1カップ(200ml)となります。

⑤ 続いてお米を炊きます。
まずは沸騰するまでフタをせずに強火にかけ、10分たったら火を止めて、フタをしたままさらに10分蒸らして完成です。

「重ね蒸し」で麺が切れない。

焼きそば

焼きそば

材料／1人分
中華蒸し麺1玉、豚バラ肉50g、キャベツ1/4玉、もやし1/4袋、にんじん1/4本、ピーマン1個、玉ねぎ1/4個、油大さじ1、中濃ソース大さじ2、しょうゆ大さじ1、塩こしょう少々

蒸す

① フライパンに油をひき、豚バラ肉、野菜、麺の順に重ね、フタをして点火する（強火）。

> **調理法の工夫**
> ポイントは水を入れないこと。野菜から出る水分で蒸すイメージです。こうすることで適度な水分を保ち、野菜がベチャッとなるのを防ぎます。また、最初は麺を箸で触らないこと。無理に箸でほぐすと麺が切れる原因になります。

ひっくり返す

② 豚肉に火が通った頃合いで上下をひっくり返し、再びフタをして、麺を焼く。

③ 全体に火が通ったらフタを取って麺をほぐし、中濃ソース、しょうゆ、塩こしょうで味を調える。

パラッと仕上がる、秘密は魔法の水!?

チャーハン

チャーハン

材料／1人分
ごはん150g、卵1個、油大さじ1、塩水（水大さじ1＋塩小さじ1/2）、
ハム適量、長ねぎ適量、こしょう少々、ごま油少々

炒める

> **美味しくつくるコツ**
> フライパンをあおらなくても、パラッと仕上がる初心者におすすめの作り方です。塩水を入れるだけで味が決まるので、調理中に焦って味を調整する必要がありません。ポイントは1人前ずつ調理すること。火力が強くても2人前が限度です。

① ごはんは温かいごはんを、具材はお好みのものを用意する。火が通りにくいものは先に炒めておく。

② フライパンに油を入れて強火にかけ、温まったら溶いた卵を入れる。

③ 卵が半熟のうちにごはんを入れる。こしょうを加え、束ねた菜箸で素早くかき混ぜる。

> **炒めるコツ**
> 卵は束ねた菜箸でかき混ぜるのがおすすめ。こうすることで材料を瞬時に細かく混ぜることができます。

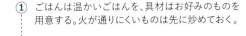

④ ごはんの塊が小さくなったところで塩水を入れ、束ねた菜箸でかき混ぜる。

> **塩水投入**
> ごはんがほぐれたら魔法の水（塩水）を投入。蒸気でごはんがバラバラになる上に、ご飯全体にまんべんなく塩味が広がります。

⑤ 具材を入れて炒め、最後にしょうゆとごま油を加えて香りをつける。

粉から作る。15分でデキる！

カレーライス

カレーライス

材料／4人分
鶏モモ肉1枚、玉ねぎ1個、にんじん1本、じゃがいも4個、にんにく1片、しょうが1片、
水600ml、油60ml、小麦粉60g、カレー粉大さじ2、ケチャップ大さじ1、中濃ソース大さじ1、
しょうゆ大さじ1、塩小さじ1

素材下処理

① 材料を切る。

炒める

② 鍋に油をひき、みじん切りにしたにんにくとしょうが、カレー粉を弱火でじっくりと炒める。

③ 細かいあぶくが出たら鶏肉を強火で炒める。その後、じゃがいも、にんじんを加え、透き通るまで炒める。

④ ビニール袋に玉ねぎと小麦粉を入れてよく混ぜ、③に入れて全体をなじませる。

最初から味付けされた固形ルウより、粉から作る方が野菜やお肉の味が引き立ちます。辛みがほしい人はお好みで一味唐辛子を足してください。

煮る

⑤ 水を2〜3回に分けて入れる。特に1回目はダマにならないよう、水を入れたらしっかりと全体を混ぜる。

⑥ 煮立ったら弱火にしてじゃがいもがやわらかくなるまで煮て、最後に調味料で味を調える。

塩 小さじ1
塩味

ケチャップ 大さじ1
甘味・酸味

中濃ソース 大さじ1
こく

醤油 大さじ1
うま味

を入れて、じゃがいもが柔らかくなったら完成！！

余熱でふわトロ！

親子丼

親子丼

材料／2人分
鶏モモ肉200g、卵4個、玉ねぎ1/2個、長ねぎ40g、三つ葉適宜、
合わせだし（だし4：酒1：みりん1：しょうゆ1）

浅く底の広い鍋がふんわりと仕上がります。
1人分 20cm のフライパンが
2人分 26cm ベスト！

素材下処理

鶏モモ肉

長ねぎ

玉ねぎ

① 鶏モモ肉は1〜2cmの角切りにし、鍋に入れ、合わせだしを加えて火にかける。

煮る

鶏肉と合わせだしを入れ沸かし一度冷まします！鶏肉に味がしみ込みます。

② 肉に火が通ったら、煮汁の中で常温になるまで冷ます。温度が下がるときに肉に味が染みこむ。

③ 底の浅いフライパンに合わせだし240ml、玉ねぎ、長ねぎ、②の鶏肉を入れ、強火にかける。
★ふんわり仕上がる黄金比は、卵2個に対して合わせだし120ml

合わせだし
4 : 1 : 1 : 1
だし 酒 みりん しょうゆ

1人分 卵2個 合わせだし120ml

卵でとじる

— 強火！

ふたをして強火で10秒！
火を止めて30秒！

④ ③が沸騰したら、溶いた卵を全体に回しかけ、三つ葉を加えてすぐにフタをする。

⑤ 10秒たったら火を止めて、そのまま30秒待つ。

余熱

卵をトロリと仕上げるには余熱をうまく使うこと。おすすめは卵を入れたら「強火で10秒、余熱で30秒」。半熟が苦手な人は、火にかける時間を長めに調整してください。

⓪ 丼にごはんをよそって⑤をかける。

ゆで汁は調味料。

ペペロンチーノ

ペペロンチーノ

材料／1人分
スパゲティ100g、お湯1L、塩小さじ2、にんにく1片、唐辛子1本、オリーブ油大さじ3

炒る

① にんにくは厚さ1mmの薄切にする。
　唐辛子はタネを取っておく。

② フライパンにオリーブ油をひき、
　①を入れて弱火にかける。

ゆでる

③ 麺をゆでる。
　鍋に1Lの湯を沸かし、塩10g（小さじ2）を加えて麺を入れる。

> **塩の分量**
> スパゲティをゆでるときはお湯に対して1％の塩を入れます。多いと思われそうですが、この量を入れないと味がぼやけ、弾力のない麺になってしまいます。

@最初の1分はよく混ぜ、あとはなるべくさわらない！
（粘りが出てべたつきます。）

スパゲティ：お湯：塩
100g：1L：10g（1％）

麺が塩えたら、お湯も増えましょう！

にんにくの香りが出てきたら、茹で汁を入れて温度を下げて焦げるのを防止！
←火を止めて

④ ②のにんにくの周りが色づいてきたら、
　③のゆで汁を大さじ2程度入れて火を止める。

⑤ 麺は表示時間の1分前にお湯から上げて、
　④に入れ、軽く混ぜて完成。

茹で汁を切りすぎず
混ぜすぎ注意！

NG

> **ゆで汁**
> ラーメンのようにしっかりゆで汁を切るのはNG。ゆで汁を混ぜ合わせることでソースが乳化し、味に一体感が生まれる。

トマトジュースでモタッとしない。

ナポリタン

ナポリタン

材料／1人分
スパゲティ100g、お湯1L、塩小さじ2、ソーセージ1本、玉ねぎ1／4個、ピーマン1／2個、ベーコン60g、バター10g、トマトケチャップ大さじ2、トマトジュース（無塩）大さじ2

① 材料を切る。

② 麺をゆで始める。

③ フライパンにバターと①の具材を入れて炒め、ケチャップとトマトジュースを加えてひと煮立ちさせる。

> **ソース**
> ケチャップにトマトジュースを加えることでソースが重たくなりすぎない。

④ 麺は表示時間の1分前にお湯から上げて、ゆで汁がしたたる程度の状態で③に加え、軽く混ぜて完成。

> **美味しく作るコツ**
> 具材と麺を炒めて最後にケチャップを加える作り方ですと、団子状のモソモソとしたナポリタンになってしまいます。ポイントは先にソースを作り、あとから麺を加えること。麺を入れたら混ぜすぎ注意です！

米は洗わずに炒める。

チキンライス

チキンライス

材料／4人分
鶏モモ肉100g、玉ねぎ1/2個、にんじん1/4本、米2合（洗わない）、水400ml、塩小さじ1、トマトケチャップ大さじ2、バター20g

素材下処理

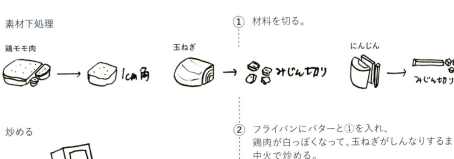

① 材料を切る。

炒める

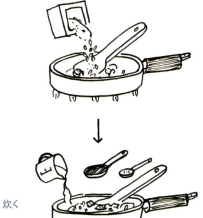

② フライパンにバターと①を入れ、鶏肉が白っぽくなって、玉ねぎがしんなりするまで中火で炒める。

③ ②に米を入れて透き通るまで炒める。

> **ソース**
> お米がバターを吸って透き通るまで炒めること。こうすることで米粒に油の膜ができ、炊いたときにくっつきません。

④ 水と調味料を入れ、沸騰したら弱火にしてフタをして10分炊く。

⑤ 火を止めく、さらに10分蒸らしたら完成。

> **美味しく作るコツ**
> 生のお米に油を吸わせるとスープの吸収が良くなります。逆に水が入ると味がうまく入りません。お米は洗わずそのまま使いましょう。粘りが控えめな「あきたこまち」や「ななつぼし」がおすすめです。

沸騰したら弱火で10分。

炊き込みごはん

炊き込みごはん

材料／作りやすい量
米2合、鶏モモ肉60g、にんじん1/4本、油揚げ1枚、しいたけ2枚、しめじ1/2株、
だし240ml、酒大さじ4、みりん大さじ4、しょうゆ大さじ4

① 米を研ぎ、水に浸けておく（20分以上）。

素材下処理

② 材料を切る。

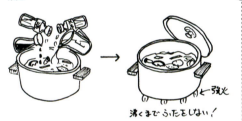

炊く

③ 鍋に米、②の具材、調味料を入れて強火にかける。

> 今回ご紹介した調味料の割合は北海道風の「濃い口・濃い色」炊き込みごはんです。お好みに合わせて割合を調節してください。 　調味料の割合

④ 沸騰したら弱火にしてフタをし、10分炊く。

蒸す

⑤ 火を止めて10分蒸らす。
　　蒸らし終わったらよく混ぜて完成。

チャーシューの煮汁でラーメン。

ラーメン

ラーメン

材料／作りやすい量
【チャーシュー】豚肉（ブロック）約300g、しょうゆ500ml、長ねぎ1本、しょうが1片、にんにく1片
【ラーメン】手羽先ブイヨン（98ページ参照）300ml、チャーシューじょうゆ20ml、
だしパック（昆布・かつお節など）1パック、麺1玉、チャーシュー適量、お好みの具材

素材下処理

① 型崩れを防ぐため豚肉をたこ糸でしばる。
② フライパンで表面を焼く。

煮る

③ 鍋に醤油と②を入れて弱火で20分煮て取り出し、常温に冷ます。煮汁は取っておく。

> チャーシューはしょうゆ100％で炊いて作ります。豚肉のうま味エキスを含んだ煮汁はラーメンのほか、チャーハンや炒め物に活用しましょう。
>
> チャーシュー

④ 鍋に手羽先ブイヨンと③の煮汁（チャーシューしょうゆ）、だしパックを入れて火にかける。
⑤ 麺をゆで、湯切りして器に入れる。④のスープを注ぎ、チャーシューなどお好みの具材をのせて完成。

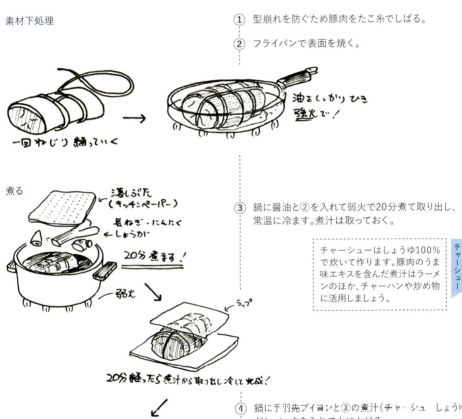

「一番だし」と「二番だしのめんつゆ」

和食の基本である「一番だし」は、世界で最も常識外れなだしです。昆布は火にかけたら沸騰する前に引き上げます。カツオ節は沸騰したお湯の中に入れて、すぐに取り出します。こんなに一瞬で取るだしは、世界でもあまり例がありません。西洋料理のブイヨンにしても、中国料理の湯(タン)にしても、材料を長時間煮てうま味を抽出するわけですから。では、なぜ一番だしは一瞬で取るのか。それは、それぞれの素材が持つエッセンスのいいとこ取りがしたいからにほかなりません。昆布のエグミを出さず、カツオ節の生臭みを出すことなく、香りとうま味だけを引き出す。これほど贅沢なだしはほかにないでしょう。こうして取った一番だしは、香りを大切にするすまし汁や茶碗蒸しに使います。

　とはいえ、一番だしを取ったあとの「だしがら」にも、うま味成分は十分に残っています。それをグツグツ煮て、うま味を出し切るのが「二番だし」です。一番だしが「香りのだし」であるのに対して、二番だしは「うま味のだし」であるといえます。ここでは、二番だし(だしがら)を使っためんつゆの作り方をご紹介します。

「一番だし」と「二番だしのめんつゆ」の取り方。

一番だし

① 鍋に水を入れ昆布を加えて弱火にかける（あらかじめ昆布を漬けておいてもOK）。

② 鍋の底から小さな泡がフツフツとしてきたら、昆布を取り出し、強火にする。

③ 沸騰したらカツオ節を入れてすぐに火を止める。

④ キッチンペーパーとザルで漉す。

二番だし（だしがら）でめんつゆを作る

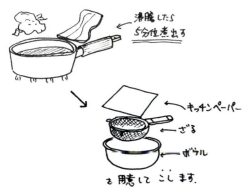

① 鍋にだしがらと調味料（※）を入れて火にかける。

② 沸騰したらそのまま5分間煮出す。

③ キッチンペーパーとざるで漉し、最後によく搾ってうま味を出し切る。

※用途に合わせて調味料の比率を変えましょう。

うどん・そばのつけつゆ、天つゆ、煮浸しなどに ……… **水4：酒1：みりん1：しょうゆ1**

うどん・そばのかけつゆ、鍋や煮物のつゆなどに …… **水8：酒1：みりん1：しょうゆ1**

うどん・そばのかけつゆ（関西風）、けんちん汁などに … **水15：酒1：うすくちしょうゆ1**

水1リットルに煮干し12匹。

みそ汁

みそ汁

材料／作りやすい量
水1L、煮干し30g、みそ適量（だし150mlに対して大さじ1）、豆腐適量、わかめ適量

素材下処理

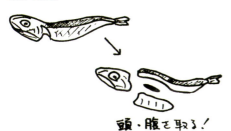

① 煮干しの頭と腹を取り除く。

> 煮干しは水1Lに対して30g。煮干しの大きさにもよるが12匹前後。頭と腹を取ることで、エグみ・苦みがおさえられます。

煮干し

煮る

② 煮干しを水から入れて火にかける。沸騰したら弱火でさらに10分煮て、取り出す。

③ 具材を入れ、みそを溶かし入れ、火を止めて完成。

> 具材を2種類以上合わせるのがセオリーではありますが、お好みで。1種類でももちろんOK。みそは風味を飛ばさないよう、煮詰めないのが鉄則です。

具について

野菜に塩して、水気を取る。

サンドイッチ

サンドイッチ

サンドイッチ用スライス
9mm〜10mm

材料/作りやすい量
パン4枚、トマト1/2個、きゅうり1/2本、ゆで卵1個、マヨネーズ大さじ1、
塩ひとつまみ、マスタードバター(バター2：マヨネーズ2：粒マスタード1)適量

材料下処理

① トマトときゅうりを切り、軽く塩を振って、キッチンペーパーで水分を拭き取る。

たまごサラダ

② たまごサラダを作る。

はさむ

③ バターを常温に戻し、マヨネーズ、粒マスタードと一緒に混ぜ、マスタードバターを作る。

④ パンにマスタードバターを塗り、具材をはさむ。

⑤ パンの耳を落とし、お好みの形に切る。

> **美味しく作る工夫**
> パンがベチャッとなる原因は野菜の水気。軽く塩を振って、余計な水分を抜くのがコツです。さらにパンにマスタードバターを塗ることでパン表面をコーディングし、水分が染みこむのを防ぎます。かつては重しをかけるのが主流でしたが、パンのふわっとした食感を生かすにはあえて重しをかける必要はなく、常圧で十分でしょう。

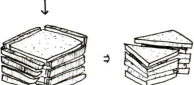
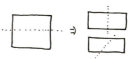

切り方で食べやすさや盛り付けが変わります！

水から火にかけ、1時間。

手羽先ブイヨン

手羽先ブイヨン

材料／作りやすい量
水3L、手羽先12本

素材下処理

① キッチンペーパーで手羽先の水分をしっかりと拭き取る。

切る、煮る

② 手羽中と手羽先に切り分ける。

③ 鍋に水と②を入れて火にかける。

煮る

④ 沸騰したらアクを取り、弱火で約1時間煮る。

アク
沸騰するまでは鍋にさわらず、アクを取るのは我慢。沸騰してからまとめてアクを取りましょう。

活用方法
フーメンやビフノなどさまざまな料理に活用できる基本のブイヨンです。セロリや玉ねぎ、にんじんを加えれば洋風に。にんにく、しょうが、長ねぎを加えれば中華風に。手羽先を使うことで、鶏ガラだけで取るスープよりも肉のうま味(イノシン酸)が加わり、おいしさがアップします。

青ちゃんの解決レシピ　今さら聞けない料理の基本

2018年8月27日　第一刷発行

著　者　青山則靖
発 行 者　斉藤隆幸
定　価　1300円+税
発 売 所　エイチエス株式会社　www.hs-prj.jp
　　　　　札幌市中央区北2条西20丁目1-12佐々木ビル
　　　　　TEL.011-792-7130　　FAX.011-613-3700
印　刷　モリモト印刷株式会社
編　集　長谷川圭介
写　真　高田美奈子
デザイン　大澤とま

スタッフ　長谷川みづほ　小野康代　須田徹也　大畑理絵

ISBN978-4-903707-85-3
Ⓒエイチエス株式会社　　※本誌の写真、文章の内容を無断で転載することを禁じます。